Tecnología Blockchain – Lo Siguiente Más Grande

Introducción a Una Tecnología Que Puede Cambiar el Mundo

Sebastian Merz

Impreso y editado por Books on Demand GmbH
info@bod.com.es - www.bod.com.es
Impreso en Alemania – Printed in Germany

ISBN: 978-8-4132-6740-1

Información General

Este documento y todo su contenido está protegido por la ley de derechos de autor. Todos los derechos reservados. La reimpresión o reproducción (o parte del mismo) en cualquier forma (impresión, fotocopias u otros métodos), así como el almacenamiento, proceso, duplicación y distribución por medios electrónicos en cualquier tipo de sistema, del documento completo o parte del mismo, sin autorización por escrito del autor está prohibida. Todos los derechos de la traducción están reservados.

El uso de este libro y la implementación de la información aquí presentada se hace bajo la responsabilidad del lector. El autor y quien lo publica están exentos de cualquier tipo de responsabilidad en caso de que se presenten accidentes o daños de cualquier tipo que se presenten por consejos incluidos en este libro.

Inhaltsverzeichnis

BLOCK CHAIN   **9**

QUÉ ES LA BLOCK CHAIN   **10**

*Las consideraciones clave para bancos que exploran
blockchain incluyen:*   *15*

**PORQUE ES PREFERIBLE PARA
NUESTRO SISTEMA BANCARIO
ACTUAL?**   **17**

BITCOIN   **21**

Características del Bitcoin   *27*

El camino que resta para Bitcoin   *29*

**BENEFICIOS DE LA TECNOLOGÍA
BLOCKCHAIN**   **32**

**RETOS DE LA TECNOLOGÍA
BLOCKCHAIN**   **35**

¿Cómo funciona la block chain?   *37*

Suena muy bueno para ser verdad.   *41*

*Así que ... a pesar de este riesgo, ¿el Banco de Inglaterra
le gusta la cosa que suena como podría ponerlos fuera
del negocio?*   *43*

EL FUTURO DE BLOCKCHAIN 48

¿Qué está cambiando? *49*

Implicaciones *52*

BLOCK CHAIN

Blockchain, más conocida como la tecnología de backbone detrás de Bitcoin, es una de las tecnologías más interesantes y más interesantes actualmente en el mercado. Desde 2013 las búsquedas de Google para "blockchain" han aumentado un 1900%. Al igual que el surgimiento de Internet, blockchain tiene el potencial de realmente interrumpir múltiples industrias y hacer los procesos más democráticos, seguros, transparentes y eficientes. Empresarios, empresas de lanzamiento, inversionistas, organizaciones globales y gobiernos han identificado a blockchain como una tecnología revolucionaria. ¿Cuáles son los beneficios y desafíos más importantes asociados con la implementación de la tecnología blockchain?

QUÉ ES LA BLOCK CHAIN

La cadena de bloques es un libro público en línea descentralizado de todas las transacciones digitales que han tenido lugar. Es el equivalente de la moneda digital del libro mayor de un banco de la calle principal que registra transacciones entre dos partidos.

Así como nuestro sistema bancario moderno no podía funcionar sin los medios para registrar los intercambios de divisas fiduciarias entre individuos, también podría una red digital no funcionar sin la confianza que viene de la capacidad de registrar con precisión el intercambio de moneda digital entre las partes.

Es descentralizado en el sentido de que, a diferencia de un banco tradicional que es el único poseedor de un libro maestro electrónico de los ahorros de su titular, el registro de la cadena de bloques es compartido entre todos los miembros de la red y no está sujeto a los términos y condiciones de cualquier institución financiera o país en particular.

Si el hype del mercado es cualquier indicación, blockchain -la tecnología subyacente para criptocurrencies como Bitcoin- está preparado para resolver múltiples retos que enfrenta el sector bancario al permitir transacciones más rápidas, seguras y transparentes. Sin embargo, la historia de la cadena de bloque es una de las consecuencias no deseadas.

Blockchain, se creó originalmente como una base de datos de seguimiento para las transacciones de Bitcoin. Fue desarrollado en 2009 para permitir a individuos y organizaciones procesar transacciones sin la necesidad de un banco central u otro intermediario, usando algoritmos complejos y consenso para verificar las transacciones.

Avanzando siete años, y una serie de star-tups y tecnología establecida, los actores bancarios y financieros hoy están apostando por blockchain para ofrecer una alternativa fiable a sistemas que dependen de interme-diarios y validación de transacciones por parte de terceros. Su objetivo es aprovechar el método del libro mayor distribuido de blockchain para crear un sistema que descentralice la confianza -una desviación radical de los métodos de procesamiento de transacciones existentes- para reducir considerablemente todos los tipos de comi-siones de transacción y reducir los tiempos de procesamiento.

Se afirma ampliamente que el potencial dis-ruptivo de la cadena de bloques es igual al de la primera Internet comercial. Una diferen-cia crucial, sin embargo, es que mientras In-ternet permite el intercambio de datos, blockchain podría permitir el intercambio de valor; es decir, podría permitir a los usuarios realizar comercio y comercio en todo el mundo sin la necesidad de procesadores de pagos, custodios y entidades de liquidación y reconciliación.

Aunque blockchain se postula como un sistema abierto para el procesamiento de transacciones a través del sistema financiero, los bancos están mirando hacia adentro, experimentando con el enfoque del libro distribuido para crear eficiencias y una única versión de la verdad digital.

Su objetivo es automatizar los procesos, reducir los costos de almacenamiento de datos, minimizar la duplicación de datos y mejorar la seguridad de los datos.

Al igual que en Internet y en el comercio electrónico, una cadena de bloqueo abierta que perturba el mercado financiero tradicional sólo puede resultar de despliegues de prueba y error dentro de parámetros limitados, ya sea a través de ensayos internos o de asociaciones entre empresas establecidas y nuevas empresas. Sin embargo, para aprovechar todo el potencial de la cadena de bloqueos en todo el sistema financiero, la industria bancaria tendrá que unirse y establecer normas que permitan la interoperabilidad. Dicho esto, los bancos que planean implementar blockchains deben responder a una serie de preguntas fundamentales. Por ejemplo, dado que los sistemas existentes se basan en soluciones heredadas fiables, ¿cómo determinarán qué proceso se trasladará a una cadena de bloqueo? Además, dado el rápido cambio del paisaje de la cadena de bloques, es crítico desarrollar un plan de acción pensativo y de largo plazo (por ejemplo, experimentar, desplegar estratégicamente y luego escalar en una progresión lógica) para asegurar una transición exitosa de legado centralizado a completamente procesamiento de transacciones digitales distribuidas.

Las consideraciones clave para bancos que exploran blockchain incluyen:

- Identificar oportunidades para la innovación.

- Determinar la viabilidad y el impacto en los sistemas existentes.

- Pruebas del concepto.

- Entender las implicaciones regulatorias y de seguridad de datos.

- Disección de la implementación de blockchain: abierta vs. Con permisos.

- Planear la escalabilidad de transacciones.

- Formar sociedades y colaboración multi-funcional y multi-industrial.

- Riesgo de reducción a través de la integración de datos asegurada por el almacenamiento cronológico de información mejorada con criptografía. Esto, a su vez, reduce la carga de cumplimiento y corta los costos regularios en áreas tales como iniciativas de conocer a tu cliente (KYC).

¿PORQUE ES PREFERIBLE PARA NUESTRO SISTEMA BANCARIO ACTUAL?

Una red monetaria descentralizada asegura que, al sentarse fuera de la infraestructura financiera actual, cada vez más conectada, se puede mitigar los riesgos de ser parte de ella cuando las cosas van mal. Los 3 principales riesgos de un sistema monetario centralizado que se destacaron como resultado de la crisis financiera de 2008 son el crédito, la liquidez y el fracaso operacional. Sólo en los Estados Unidos desde 2008 se han producido 504 quiebras bancarias debido a la insolvencia, siendo 157 sólo en 2010. Típicamente, este colapso no pone en peligro los ahorros del titular de la cuenta debido al respaldo federal / nacional y el seguro para los primeros cientos de miles de dólares / libras, siendo los activos de los bancos generalmente absorbidos por otra institución financiera pero el impacto del colapso puede causar incertidumbre y corto- con el acceso a los fondos. Dado que un sistema descentralizado como el de la red Bitcoin no depende de un banco para facilitar la transferencia de fondos entre dos partes sino que depende de sus decenas de miles de usuarios para autorizar transacciones es más resistente a tales fallos, teniendo tantas copias de seguridad como hay miembros de la red para asegurar que las transacciones sigan siendo autorizadas en el caso de que un miembro de la red se "colapse" (véase más abajo).

Sin embargo, un banco no debe fallar en impactar en ahorradores, operacionales. los fracasos como los que recientemente detuvieron a los clientes de RBS y Lloyds que acceden a sus cuentas durante semanas pueden tener un impacto en la capacidad de retirar los ahorros, como resultado de un legado de 30-40 años de antigüedad. la infraestructura que está gimiendo bajo la tensión de mantenerse al día con el crecimiento del gasto de los clientes y la falta de inversión en general. Un sistema descentralizado no depende de este tipo de infraestructura, sino que se basa en el poder de procesamiento combinado de sus decenas de miles de usuarios, lo que asegura la capacidad de escalar según sea necesario, una falla en cualquier parte del sistema que no causa la red para paralizar.

La liquidez es un riesgo real final de los sistemas centralizados, en 2001 los bancos argentinos congelaron las cuentas e introdujeron controles de capital como resultado de su crisis de deuda, los bancos españoles en 2012 cambiaron su letra pequeña para permitirles bloquear retiros por un período determinado y los bancos chipriotas brevemente congeló las cuentas de los clientes y utilizó hasta el 10% de los ahorros individuales para ayudar a pagar la deuda nacional.

Como dijo Jacob Kirkegaard, economista del Instituto Peterson de Economía Internacional, en el New York Times sobre el ejemplo de Cyrpiot: "Lo que el acuerdo refleja es que ser un depositario no asegurado o incluso asegurado en los bancos de la zona del euro no es tan seguro como solía ser. " En un sistema descentralizado el pago se realiza sin que un banco facilite y autorice la transacción, los pagos sólo sean validados por la red en la que existan fondos suficientes, no existiendo terceros para detener una transacción, apropiarse indebidamente o devaluar la cantidad que se posee.

BITCOIN

Bitcoin está en auge como una moneda digital utilizada en todo el mundo. Es un tipo de dinero controlado y almacenado enteramente por computadoras distribuidas a través de Internet. Más personas y más empresas están empezando a utilizarlo.

A diferencia de un simple dólar estadounidense o Euro, Bitcoin también es una forma de sistema de pago como Paypal o una red de tarjetas de crédito.

Usted puede aferrarse a ella, gastarla o cambiarla. Puede ser movido alrededor barato y fácilmente casi como el envío de un correo electrónico.

Bitcoin le permite crear transacciones sin revelar su identidad. Sin embargo, el sistema funciona a simple vista del público.

Cualquiera puede ver estas transacciones que se registran en línea. Esta transparencia puede generar una nueva confianza en la economía. Incluso resultó en la caída de un anillo de drogas ilegales, descubrió barajando fondos utilizando bitcoin y cerrado por el Gobierno de los Estados Unidos.

En muchos sentidos, bitcoin es algo más que una moneda. Es una reingeniería de las finanzas internacionales. Puede disolver barreras entre países y libera moneda del control de los gobiernos federales. Sin embargo, todavía depende del dólar estadounidense por su valor.

La tecnología detrás de esto es interesante por decir lo menos. Bitcoin está controlado por software de código abierto. Funciona de acuerdo con las leyes de las matemáticas, y por las personas que supervisan colectivamente este software. El software se ejecuta en miles de máquinas en todo el mundo, pero se puede cambiar. Los cambios sólo pueden ocurrir sin embargo cuando la mayoría de los que supervisan el software de acuerdo con ella.

El sistema de software bitcoin fue construido por programadores de computadoras hace unos cinco años y lanzado a Internet. Fue diseñado para funcionar a través de una red grande de máquinas llamadas mineros bitcoin. Cualquier persona en la tierra podría operar una de estas máquinas.

Este software distribuido generó la nueva moneda, creando un pequeño número de bitcoins. Básicamente, bitcoins son sólo largas direcciones digitales y saldos, almacenados en un libro en línea llamado "blockchain". Pero el diseño del sistema permitió que la moneda se expandiera lentamente, y alentar a los mineros bitcoin a mantener el sistema en sí mismo creciendo.

Cuando el sistema crea nuevos bitcoins les da a los mineros. Los mineros realizan un seguimiento de todas las transacciones de bitcoin y las añaden al ledger de bloques. A cambio, obtienen el privilegio de conceder unos cuantos bitcoins adicionales. En este momento, 25 bitcoins se pagan a los mineros del mundo alrededor de seis veces por hora. Esas tarifas pueden cambiar con el tiempo.

Los mineros miran bitcoin comercios a través de llaves electrónicas. Las claves funcionan junto con una dirección de correo electrónico complicada. Si no se suman, un minero puede rechazar la transacción.

De vuelta en el día, usted podría hacer bitcoin minería en su PC en casa. Pero a medida que el precio de los bitcoins se ha disparado, el juego minero se ha transformado en un poco de una carrera espacial. Los jugadores profesionales, el hardware diseñado a medida y la potencia de procesamiento que se expande rápidamente, han saltado a bordo.

Hoy en día, todas las computadoras que compiten por esos 25 bitcoins realizan 5 quintillones de cálculos matemáticos por segundo. Para ponerlo en perspectiva, esto equivale a unas quince veces más operaciones matemáticas que la supercomputadora más poderosa del mundo.

Y la minería puede ser bastante arriesgada. Las empresas que construyen estas máquinas personalizadas suelen cobrar por el hardware por adelantado, y cada día que esperar a la entrega es un día en que se hace más difícil de minas bitcoins. Eso reduce la cantidad de dinero que puedes ganar.

¿Por qué estos bitcoins tienen valor? Es bastante simple. Se han convertido en algo que mucha gente quiere y que están en oferta limitada. Aunque el sistema continúa creando bitcoins, esto se detendrá cuando llegue a 21 millones, que fue diseñado para suceder alrededor del año 2140.

Bitcoin ha fascinado a muchos en la comunidad tecnológica. Sin embargo, si usted sigue el mercado de valores, usted sabe que el valor de un bitcoin puede fluctuar grandemente. Originalmente se vendió por $ 13 alrededor de la primera parte de 2013. Desde entonces, ha llegado a $ 900 y sigue moviéndose hacia arriba y hacia abajo salvajemente sobre una base diaria.

El futuro real de bitcoin depende mucho más que de las opiniones de unos pocos inversores. En una reciente entrevista con Reddit, Cameron Winklevoss, uno de los gemelos involucrados en el pleito de Facebook con Mark Zuckerberg y un ávido inversionista bitcoin, predijo que un bitcoin podría alcanzar un valor de $ 40,000. Eso es diez veces lo que es hoy.

Una visión más realista sugiere que los especuladores eventualmente causarán que bitcoin se bloquee. No incorpora la capacidad de utilizar su moneda en el ambiente al por menor, aparentemente una necesidad para el éxito a largo plazo. Sus fluctuaciones salvajes también lo convierten en un riesgo enorme para fines de inversión.

Todavía bitcoin empuja los límites de la innovación tecnológica. Al igual que Paypal en su infancia, el mercado tendrá que decidir si el riesgo asociado con este tipo de moneda digital y sistema de pago hace que el buen sentido de los negocios a largo plazo.

Características del Bitcoin

Bitcoin tiene las características de las monedas tradicionales como el poder adquisitivo, y las aplicaciones de inversión que utilizan instrumentos de comercio en línea. Funciona igual que el dinero convencional, sólo en el sentido de que sólo puede existir en el mundo digital.

Uno de sus atributos únicos que no pueden ser emparejados por la moneda fiduciaria es que está descentralizado. La moneda no funciona bajo un órgano de gobierno o una institución, lo que significa que no puede ser controlado por estas entidades, dando a los usuarios la plena propiedad de sus bitcoins.

Además, las transacciones se producen con el uso de direcciones Bitcoin, que no están vinculadas a ningún nombre, dirección o información personal solicitada por los sistemas de pago tradicionales.

Cada transacción de Bitcoin se almacena en un ledger que cualquiera puede acceder, esto se denomina blockchain. Si un usuario tiene una dirección de uso público, su información es compartida por todo el mundo para ver, sin la información de su usuario por supuesto.

Las cuentas son fáciles de crear, a diferencia de los bancos convencionales que las solicitudes de información innumerables, lo que puede poner a sus usuarios en peligro debido a los fraudes y los esquemas que rodean el sistema.

Además, las comisiones de transacción de Bitcoin siempre serán pequeñas en número Además de la finalización casi instantánea de la tramitación, no se sabe que los honorarios son lo suficientemente significativos para poner una abolladura en la cuenta.

El camino que resta para Bitcoin

En un mundo de acelerados cambios tecnológicos, sería imprudente predecir lo que podría traer el mañana. Hay muchos factores que pueden entrar en juego en la evolución de Bitcoin. Si se tropieza con graves obstáculos, rápidamente será desplazado por otra moneda criptográfica que superará los obstáculos. En el caso contrario, el efecto de red llevará a Bitcoin a la dominación. Sea o no Bitcoin, las divisas criptográficas están aquí para permanecer como un concepto intrigante y una tecnología innovadora.

Los marcos estatutarios y regulatorios en algunos países se están apilando contra Bitcoin, sin embargo, no hay evidencia hasta el momento para pensar que Bitcoin no podría coexistir junto con otros sistemas fiat monetarios. De hecho, pueden abordar diferentes necesidades del mercado e incluso complementarse sinérgicamente, como la coexistencia de dinero de mercancías y dinero fiat.

Otro factor que no debe ser ignorado es que Bitcoin es una tecnología de etapa temprana, en la que millones de dólares constantemente intercambian manos, convirtiéndolo en un objetivo ideal para hackers internacionales sin rostro, servicios de inteligencia hostiles o cualquier grupo de codificadores hippies.

BENEFICIOS DE LA TECNOLOGÍA BLOCKCHAIN

1. Desintermediación e intercambio sin confianza

Dos partes pueden realizar un intercambio sin la supervisión o intermediación de un tercero, reduciendo o incluso eliminando el riesgo de contraparte.

2. Usuarios habilitados

Los usuarios tienen el control de toda su información y transacciones.

3. Datos de alta calidad

Los datos de Blockchain son completos, consistentes, oportunos, precisos y ampliamente disponibles.

4. Durabilidad, fiabilidad y longevidad

Debido a las redes descentralizadas, blockchain no tiene un punto central de falla y es mejor capaz de soportar ataques maliciosos.

5. Integridad del proceso

Los usuarios pueden confiar en que las transacciones se ejecutarán exactamente como los comandos de protocolo que eliminan la necesidad de un tercero de confianza.

6. Transparencia e inmutabilidad

Los cambios en las cadenas de bloque públicas son públicamente visibles por todas las partes que crean transparencia y todas las transacciones son inmutables, lo que significa que no pueden ser alteradas o eliminadas.

7. Simplificación del ecosistema

Con todas las transacciones que se agregan a un solo ledger público, reduce el desorden y las complicaciones de varios ledgers.

8. Transacciones más rápidas

Las transacciones interbancarias pueden llevar días para la compensación y liquidación final, especialmente fuera de las horas de trabajo. Las transacciones Blockchain pueden reducir los tiempos de transacción a minutos y se procesan 24/7.

9. Costos más bajos de transacciones

Mediante la eliminación de los intermediarios de terceros y los gastos generales para el intercambio de activos, blockchains tienen el potencial de reducir en gran medida las tasas de transacción.

RETOS DE LA TECNOLOGÍA BLOCKCHAIN

1. Tecnología Nascent

La resolución de desafíos como la velocidad de transacción, el proceso de verificación y los límites de datos será crucial para hacer que blockchain sea ampliamente aplicable.

2. Estado reglamentario incierto

Debido a que las monedas modernas siempre han sido creadas y reguladas por los gobiernos nacionales, la cadena de bloqueo y Bitcoin se enfrentan a un obstáculo en la adopción generalizada por instituciones financieras preexistentes si su estado de regulación gubernamental sigue siendo inestable.

3. Gran consumo de energía

Los mineros de la red de bloques de Bitcoin están intentando 450 mil billones de soluciones por segundo en esfuerzos para validar las transacciones, usando cantidades sustanciales de energía de la computadora.

4. Control, seguridad y privacidad

Si bien existen soluciones, incluidas las cadenas de bloqueo privadas o autorizadas y un cifrado fuerte, todavía hay problemas de seguridad cibernética que deben abordarse antes de que el público en general confíe sus datos personales a una solución de bloque de bloqueo.

5. Preocupaciones de integración

Las aplicaciones Blockchain ofrecen soluciones que requieren cambios significativos o reemplazo completo de los sistemas existentes. Para hacer el cambio, las empresas deben elaborar estrategias para la transición.

6. Adopción cultural

Blockchain representa un cambio completo hacia una red descentralizada que requiere la aceptación de sus usuarios y operadores.

7. Costo

Blockchain ofrece enormes ahorros en costos de transacción y tiempo, pero los altos costos iniciales de capital podrían ser un impedimento.

El reciente informe del Banco de Inglaterra sobre las tecnologías de pago y las monedas digitales consideró la tecnología de bloques de bloques que permite a las monedas digitales una verdadera innovación tecnológica que podría tener implicaciones de gran alcance para la industria financiera.

¿Cómo funciona la block chain?

Cuando un individuo hace una transacción digital, pagando a otro usuario 1 Bitcoin, por ejemplo, se crea un mensaje compuesto de 3 componentes; una referencia a un registro anterior de información que demuestre que el comprador tiene los fondos para realizar el pago, la dirección de la cartera digital del destinatario en la que se realizará el pago y la cantidad a pagar. Cualquier condición en la transacción que el comprador puede establecer finalmente se agrega y el mensaje es "sellado" con la firma digital del comprador. La firma digital está compuesta por una clave pública o una clave privada, el mensaje se cifra automáticamente con la clave privada y luego se envía a la red para verificación, sólo la clave pública del comprador puede descifrar el mensaje.

Este proceso de verificación está diseñado para asegurar que no se produzca el efecto desestabilizador de la "inversión doble", que es un riesgo en las redes de divisas digitales. El doble gasto es donde John le da a George Li y luego le da a Ringo el mismo Li (Paul no ha necesitado pedir prestado por algunos a-ños). Esto puede parecer incongruente con nuestro sistema bancario actual y de hecho, el acto físico de un cambio de moneda fiat obliga a John a regalar el mismo Li dos veces, pero cuando se trata de monedas digitales que son simples datos y donde existe la capacidad de copiar o editar información con relativa facilidad, el riesgo de que 1 unidad de moneda digital sea clonada y utiliz-ada para hacer múltiples pagos de 1 Bitcoin es real. La capacidad de hacer esto destruiría cualquier confianza en la red y la haría inútil.

"Lo que el acuerdo refleja es que ser un de-positario no asegurado o incluso seguro en los bancos de la zona del euro no es tan se-guro como solía ser".

Para asegurar que el sistema no sea a-busado, la red toma cada mensaje creado automáticamente por un comprador y com-bina varios de ellos en un "bloque" y los presenta a los voluntarios de la red oa los "mineros" para verificarlos. Los mineros compiten entre sí para ser los primeros en validar la autenticidad de un bloque, software especialista en ordenadores domésticos que buscan automáticamente verificar las firmas digitales y asegurar que los componentes de un mensaje de transacción fluyan lógicamente del anterior que fue usado en su creación y que a su vez, refleja el bloque anterior que fue utilizado en su creación y así sucesivamente y así sucesivamente. Si la suma de los componentes anteriores de un bloque no es igual al conjunto entonces es probable que se haya realizado un cambio no deseado en un bloque y se pueda impedir que se autorice. Un bloque típico tarda io minutos para validar y por lo tanto para una transacción para pasar a través de esto puede ser acelerado por el comprador añadiendo una pequeña "punta" para alentar a los mineros a validar su solicitud más rápidamente, la minera resolviendo el bloque 'rompecabezas' recompensado con 25 Bitcoins más cualquier 'consejos', por lo tanto es la nueva moneda puesta en circulación, este incentivo garantizar que los voluntarios continúan manteniendo la integridad de la red.

Al permitir que cualquiera compruebe un cambio propuesto en el libro mayor y lo valide, la cadena de bloques elimina la necesidad de una autoridad central como un banco para manejar esto. Al eliminar a este intermediario de la ecuación se puede negar una serie de ahorros en términos de tarifas de transacción prescritas, tiempos de procesamiento y límites de cuánto ya quién se puede realizar una transacción.

Suena muy bueno para ser verdad.

Es, cada tipo de sistema tiene sus propios riesgos particulares, uno descentralizado no es diferente. La principal amenaza para la red descentralizada de Bitcoin es la "amenaza del 51%", 54 que se refiere a la cantidad de mineros totales de la red que trabajan en colaboración en un grupo minero para validar las transacciones. Debido a que cada vez es más costoso en términos de tiempo y poder de procesamiento para un individuo para validar con éxito una transacción como resultado de la red cada vez más grande y más maduro mineros individuales se unen a "piscinas" donde combinan su poder de procesamiento para garantizar una menor pero un retorno más regular y consistente. En teoría, si un grupo crece lo suficientemente grande para formar parte de un 51% o más de los usuarios totales de la red, podría validar transacciones masivas de gastos dobles o negarse a validar transacciones auténticas en masa, destruyendo la confianza en la red. incentivo incorporado en el sistema para minar legalmente Bitcoin que destruirlo a través del fraude la amenaza del 51% representa un riesgo para tal sistema descentralizado. Hasta la fecha, los grupos mineros están adoptando un enfoque responsable de esta cuestión y se están adoptando medidas voluntarias para restringir la formación de monopolios, siendo en interés de todos mantener un sistema estable en el que se pueda confiar.

Así que ... a pesar de este riesgo, ¿el Banco de Inglaterra le gusta la cosa que suena como podría ponerlos fuera del negocio?

Los BoE están buscando más allá de Bitcoin y los pagos en moneda digital de manera específica y prever formas en las que la cadena de bloques puede hacer que los productos y plataformas financieros existentes sean más eficientes y agreguen valor a ellos. Basta con examinar los activos financieros existentes, como las acciones, los préstamos o los derivados que ya están digitalizados, pero que se sientan en redes centralizadas para apreciar las oportunidades que existen para el individuo al eliminar al intermediario ...

... y convertirse en su propio corredor de bolsa. Colored Coins es un proyecto que tiene como objetivo permitir que cualquiera pueda convertir cualquiera de sus activos o propiedades en algo que pueda comerciar. Piense en "The Antiques Roadshow". Me encanta ese espectáculo, sobre todo cuando un poco de ol 'querida encuentra que ella ha estado usando un plato Ming 14 ° siglo digno de fzoo, 000 para mantener la fruta en su aparador. Las Monedas Coloreadas permitirían que el propietario del plato (o su automóvil o casa) tuviera uno o más de sus Bitcoins representando una parte o el total del valor de su activo para que pudieran ser negociados a cambio de otros bienes y servicios, un solo Bitcoin con un valor de todo el fzoo, 000 o emitiendo monedas de zoo cada una con un valor de £ 1000.

Del mismo modo, un negocio podría emitir acciones representadas por moneda digital directamente al público, que a su vez podría ser negociado sin la necesidad de una costosa OPV o bolsa tradicional y los accionistas podrían votar utilizando un sistema seguro similar a la forma en que los mensajes de transacción se crean actualmente. Patrick Byrne, CEO de uno de los minoristas más grandes de los Estados Unidos, que fue el primer mayor minorista en línea a aceptar los pagos internacionales de Bitcoin, está explorando planes para crear una bolsa de valores impulsada por la cadena de bloques que espera anular problemas inherentes actuales como 'venta corta desnuda abusiva' donde los comerciantes pueden vender las acciones que no poseen que impulsa los precios de las acciones y que se sintió contribuido a la caída de Lehman Brothers.

La digitalización de los activos también podría revolucionar la industria del crowdfunding. Kickstarter es un ejemplo de una plataforma que facilita el financiamiento de productos por micropagos de los miembros interesados, a menudo a cambio de pequeños recuerdos a la terminación del proyecto, tales como mercancía firmada o una copia de uno de los primeros productos a ser producidos. Con la capacidad de digitalizar fácilmente un activo y emitir acciones en él y todas las ganancias futuras, por ejemplo, los inversores pueden estar más inclinados a invertir más.

Y hablando de crowdfunding ... Vitalik Buterin recaudó recientemente f15m en financiamiento multi-fuente para su proyecto Ethereum, que cree que representará el futuro de la cadena de bloque. El proyecto admite numerosos lenguajes de programación para permitir a los desarrolladores crear productos y servicios en línea, como medios de comunicación social, foros de búsqueda o de chat, como alternativas a las de corporaciones como Google, Facebook y Twitter. "Puedes escribir cualquier cosa que puedas escribir en un servidor y ponerlo en la cadena de bloqueos", dijo Buterin a Wired. "En lugar de Javascript hacer llamadas al servidor, estaría haciendo llamadas a la cadena de bloqueo." Actualmente una comunidad de usuarios de zoológicos están construyendo aplicaciones de votación, registradores de nombres de dominio, plataformas de crowdsourcing y juegos de computadora para ejecutar Ethereum, 'éteres' minados a través del mantenimiento de la plataforma por voluntarios que se requieren para esto.

EL FUTURO DE BLOCKCHAIN

El potencial de la cadena de bloque para mejorar la forma de comunicarnos, gestionar nuestros activos, etc., es enorme y sólo está limitado por la imaginación de personas como Vitalik Buterin y la comunidad Ethereum y la voluntad de las instituciones actuales para cambiar.

El futuro de las finanzas podría estar dominado por las tecnologías de bloque de bloques. Una moneda global rastreable completa con una infraestructura eficiente no sólo resultará en una reducción masiva de costos para todos los participantes en el mercado, sino que también cambiará la banca mundial. Bitcoin hará por los pagos que hizo el correo electrónico para la comunicación.

- Blockchain será adoptado por los bancos centrales y las monedas aseguradas criptográficamente serán ampliamente utilizadas.

- Nasdaq lanzará una tecnología de ledger digital habilitada para bloques que se utilizará para expandir y mejorar las capacidades de administración de acciones ofrecidas por su plataforma Nasdaq Private Market.

- La liquidación de divisas, acciones y operaciones de renta fija casi instantáneamente a través de libros distribuidos autorizados crea una oportunidad significativa para que los bancos impulsen la eficiencia y potencialmente creen nuevas clases de activos.

Control

- Las nuevas tecnologías como la cadena de bloques tienen el potencial de reducir los riesgos cibernéticos ofreciendo autenticación de identidad a través de un libro de contabilidad visible.

- No hay ninguna razón por la cual los requisitos para la numeración, mantenimiento e indexación de registros y comunicación de la información proporcionada en los registros no pudieron cumplirse a través de un sistema de contabilidad electrónica.

- Las agencias de alquiler de coches podrían usar contratos inteligentes que permitan automáticamente los alquileres cuando se reciba la información del pago y del seguro, a través de un registro de bloque de bloqueo.

- Un refrigerador equipado con sensores y conectado a Internet podría utilizar blockchain para gestionar interacciones automatizadas con el mundo externo, desde pedidos y pagos de comida hasta arreglos para sus propias actualizaciones de software y seguimiento de su garantía.

- Las pequeñas empresas podrían usar blockchain para crear plataformas de comercio de confianza entre sí.

- Blockchain podría potencialmente aportar robustez y transparencia al entorno post-comercio.

- Las nuevas tecnologías como la cadena de bloques tienen el potencial de reducir los riesgos cibernéticos ofreciendo autenticación de identidad a través de un libro de contabilidad visible.

- Un banco podría pagar al proveedor instantáneamente a través de Internet.

- La tecnología Blockchain alterará el tiempo en el riesgo.

Crimen

- Un nuevo arranque de bloques de bloqueo ha afirmado que su software podría ayudar a rastrear a los criminales más rápido y más barato que nunca.

- Connecticut está advirtiendo a los padres que una nueva criptocurrencia de

Darknet llamada Bitcoin podría ser culpable por ayudar a los bebedores menores de edad a que se zumban.

Bancos.

- Blockchain será adoptado por los bancos centrales y las monedas aseguradas criptográficamente serán ampliamente utilizadas.

- Blockchain podría reemplazar a los bancos centrales.

- Siguen existiendo riesgos reales para los bancos que deciden involucrarse con las empresas de criptoconversión.

- La tecnología Blockchain podría reducir los costos de infraestructura de UBS en los pagos transfronterizos, el comercio de valores y el cumplimiento de las regulaciones en hasta un millón de dólares al año por zozz.

- El número de solicitudes dentro y fuera de los bancos podría reducirse ya que la transacción Blockchain contiene toda la información relevante para la transferencia exitosa de activos y / o contratos relacionados.

- El economista de Deutsche Bank ve bloqueo como una amenaza debido a la falta de infraestructura de TI para apoyar la tecnología involucrada.

- Ethereum es un propósito mucho más general que bitcoin y podría ser útil para los bancos.

- El futuro de las finanzas en muchas naciones podría ser dominado por Bitcoin y criptocurrencies.

- Una cadena de bloqueo privada dirigida por bancos podría terminar como "otro cartel" y funcionar tan mal como el consorcio de pagos.

- Los bancos podrían convertirse en los "custodios de las claves criptográficas".

- La cadena de bloques podría ahorrar a los prestamistas hasta szo mil millones anualmente en liquidación.

- La tecnología Blockchain podría utilizarse para evitar completamente la infraestructura financiera centralizada de hoy en día.

Industrias

- El tiempo y la educación tendrán que desempeñar un papel ya que otras industrias están realizando una de las principales innovaciones de la cadena de bloqueo es su capacidad para reducir o eliminar contrapartes de confianza en el proceso de transacción.

- Blockchain tiene el potencial de crear nuevas oportunidades en la industria y interrumpir las tecnologías y procesos existentes.

- La tecnología Blockchain hará que el mundo sea aún más pequeño, ya que aumenta la velocidad y la eficiencia de la actividad transaccional.

Gobiernos

- El futuro de las finanzas en muchas naciones podría ser dominado por Bitcoin y criptocurrencies.

- La tecnología Blockchain podría utilizarse para distribuir el bienestar social en los países en desarrollo.

- Las elecciones son actualmente caras y arduas. Gracias a la tecnología blockchain pronto serán instantáneos.

La cadena de bloques realmente podría cambiar el mundo, haciendo las crisis financieras mucho menos dañinas y reduciendo las fricciones en el comercio global. También podría desvanecerse en la relativa oscuridad de la innovación técnica estrictamente concebida. La tecnología merece ser explorada adecuadamente. Los reguladores pueden marcar la diferencia al darle un poco de espacio.